Kauderwelsch
Band 48

Impressum

Mike Zeedel & Conrad Stein
Austalian Slang – Englisch Down Under
erschienen im
REISEKNOW-HOW Verlag Peter Rump GmbH
Osnabrücker Str. 79, D-33649 Bielefeld
info@reise-know-how.de

7. Auflage 2001

Bearbeitung Claudia Schmidt
Layout Kerstin Belz
Layout-Konzept Günter Pawlak, FaktorZwo! Bielefeld
Umschlag Peter Rump
Illustrationen Stefan Theurer
Druck und Bindung Fuldaer Verlagsagentur, Fulda

ISBN 3-89416-041-1
Printed in Germany

Dieses Buch ist erhältlich in jeder Buchhandlung der BRD, Österreichs, der Schweiz und der Benelux. Bitte informieren Sie Ihren Buchhändler über folgende Bezugsadressen:
BRD Prolit GmbH, Postfach 9, 35461 Fernwald (Annerod) sowie alle Barsortimente
Schweiz AVA-buch 2000, Postfach 27, CH-8910 Affoltern
Österreich Mohr Morawa Buchvertrieb GmbH Sulzengasse 2, A-1230 Wien
Benelux Assimil Benelux, 5-7 Rue des Pierres, B-1000 Bruxelles
direkt Wer im Buchhandel kein Glück hat, bekommt unsere Bücher auch direkt beim **Rump Direktversand,** Heidekampstraße 18, D-49809 Lingen oder über unseren Internet-Shop: **www.reise-know-how.de**
Begleitendes Tonmaterial zu diesem Buch ist separat erhältlich. Näheres dazu auf Seite 13.

Kauderwelsch

Mike Zeedel & Conrad Stein

Australian Slang

Englisch Down Under

Reise Know-How
im Internet
www.reise-know-how.de
info@reise-know-how.de

Aktuelle Reisetipps und Neuigkeiten, Ergänzungen nach Redaktionsschluss, Büchershop und Sonderangebote rund ums Reisen

Die
Reise Know-How Verlag
Peter Rump GmbH
ist Mitglied der
Verlagsgruppe Reise Know-How

Kauderwelsch-Slangführer sind anders!

Warum? Sie sind bestens mit der Landessprache vertraut und verstehen trotzdem nur die Hälfte, wenn Sie mit den Menschen vor Ort so richtig ins Gespräch kommen?

Gerade wenn Sie sich in der „Szene" bewegen oder Menschen in ihrem ganz normalen Alltag antreffen, sie auf der Straße ansprechen, mit ihnen ein Bier in der Kneipe trinken, ist deren Sprachgebrauch Meilen entfernt von der offiziell verwendeten Hochsprache in den Medien und den Bildungsinstituten.

Man bedient sich der **lockeren Umgangssprache** und vieler **modischer Slangbegriffe**, die oft nicht einmal die gesamte Bevölkerung versteht, sondern nur bestimmte Altersschichten, eingeschworene Szenemitglieder oder Randgruppen.

Die meisten Slangausdrücke haben eine kurze Lebensdauer und finden nie den Weg in das Lexikon. **Slang ist vergänglich.** Aber es bringt die nötige Würze in das sonst zu dröge daherkommende, in der Hochsprache geführte Gespräch.

Die wahre Vielfalt einer Sprache liegt in diesem lebendigen Mischmasch von Hochsprache, Umgangssprache und Slang. In diesem bunten Mix spiegeln sich **Lebensart, Lebensgefühl** und **Lebensphilosophie** der Menschen vor Ort.

Da die Umgangssprache eher gesprochen als geschrieben wird und es für deren Schreibweise keine festen Regeln gibt, werden Sie immer wieder auf unterschiedliche Schreibweisen der Slangworte stoßen, wenn Sie diese denn einmal geschrieben sehen.

Die AutorInnen werden Sie immer wieder zum Schmunzeln bringen und Ihnen gekonnt Mentalität und Lebensgefühl des jeweiligen Sprachraumes vermitteln. Es werden Wörter, Sätze und Ausdrücke des Alltags aus der Kneipe und dem Arbeitsleben, die Sprache der Szene und der Straße erklärt. Im Anhang sind diese in 1000 Stichworten geordnet, damit Sie die täglich gehörten Begriffe und Wendungen finden können, die bisher kaum in Wörterbüchern aufgeführt sind.

Inhalt

Einführung

Im Gespräch

Anhang

SEE YOU, DOWN UNDER!

Vorwort

Was ist Aussie-Slang? Und wie unterscheidet er sich vom Englisch, das die Briten oder Amerikaner sprechen?

Zunächst ist festzustellen, dass die Umgangssprache eines Landes natürlich immer von den Menschen lebt, die sie benutzen. Den Slang prägen also die Aussies selbst, und die sind von ihrem Naturell her eher deftig und ein wenig rau wie das Land, meist herzlich, aber auch schon mal oberflächlich und fahrig.

Gesprochen wird nach dem Motto „nur so viel wie nötig, dafür aber so schnell wie möglich". Böse Zungen behaupten, die Australier müssen in solch rasantem Tempo sprechen, um sich vor lästigen Fliegen zu schützen, die, wenn sie erst einmal zwischen den Zähnen sitzen, dem Geschmack des geliebten Bieres doch sehr abträglich sind. Daher mag auch die australische Eigenart rühren, beim Sprechen den Mund kaum zu öffnen, ganze Silben zu verschlucken und diesen Schwall von Undeutlichkeiten auch noch mit Kunstwörtern anzureichern, die im Englischen gänzlich unbekannt sind.

Wie dem auch sei, der Versuch, die Grundkenntnisse des **Oz-Talk** oder **Strine** zu erlernen, sollte eigentlich für jeden Besucher eine Voraussetzung für einen Abstecher zum Fünften Kontinent sein.

Ich hoffe, dieses Büchlein kann einen kleinen Beitrag leisten, den Kontakt zu den wirklich liebenswerten Aussies zu erleichtern und üble Gesellen, wie es sie natürlich auch **Down Under** gibt, schon an ihrer Sprache als solche zu entlarven.

Meinen herzlichen Dank an Annette, Robert und Rosanna für aktive Slanghilfe, sowie Carola (big kiss!), Karola und Volker für ihre geduldige Unterstützung. Nicht zuletzt gebührt dem Conrad Stein Verlag, Kiel, Dank für die Erlaubnis, seinen **Australisch Sprachführer** auszuschlachten. Den größten Teil der darin gesammelten Ausdrücke konnte ich in diesen Slang-Band aufnehmen.

Hinweise zur Benutzung

Wie lässt sich ein Slang-Führer helfend einsetzen? Es ist unwahrscheinlich, dass man sich mit dem Buch vor der Nase einem (Small-)Talk stellt. Vielmehr kann das gedruckte Wort nur den unzureichenden Versuch unternehmen, einen Eindruck der Spracheigenheiten zu vermitteln, die den Slang ausmachen. Erfahren kann man sie nur von Angesicht zu Angesicht.

Die vorliegende Sammlung von Begriffen beginnt mit dem grundsätzlichen Kapitel **Oz-Talk**, einer Aneinanderreihung von Wörtern aus dem täglichen Leben, nicht immer Slang, aber grundsätzlich typisch Australisch. Mit **No Worries** ist der Teil überschrieben, der ans Eingemachte der Alltags- aber nicht unbedingt alltäglichen Sprache geht. Da wird es dann schon mal etwas heftiger und gleitet, der jeweiligen Situation angepasst, auch schon mal ins Vulgäre und Diskriminierende ab. Das ist nicht unbedingt fein, beim Versuch, Umgangssprache zu dokumentieren jedoch nicht zu vermeiden. Abgesehen davon, dass solcher Sprachgebrauch, wie er dann in der Sektion „Schimpfwörter" seinen manchmal traurigen Höhepunkt findet, von mir nicht empfohlen wird, ist er doch ein dominanter Teil des Umgangs von Menschen miteinander, und das nicht nur in Australien. Auch im delikaten Bereich des „Zwischengeschlechtlichen“ habe ich, wie überall im Buch, versucht, möglichst passende deutsche Worte als Erklärung heranzuziehen, um den australischen **way of love** zu erklären. Völlig zotige Ausdrücke habe ich durch ein * gekennzeichnet. Diese Wörter sollte man lieber nie in den Mund nehmen.

Im Anhang dieses Buches sind alle Ausdrücke, die vorkommen, noch einmal alphabetisch aufgelistet. Die Seitenzahl dahinter gibt an, wo das Wort erwähnt wird und demnach auch die Übersetzung steht. Hört man den Ausdruck **He's riding the porcelain bus.**, findet man unter **ride** und **porcelain bus** die entsprechende Seite.

Ich habe mir zwar alle Mühe gegeben, aber aber ich will nicht behaupten, dass dieses Buch vollständig ist. Aber es ist aktuell. Nur solche Ausdrücke habe ich aufgenommen, die heute gebräuchlich sind. Und dadurch unterscheidet sich dieses Bändchen sicherlich wohltuend von dicken, wissenschaftlichen Slang-Wörterbüchern.

Ich möchte dieses Buch erweitern, vor allem soll es aktuell bleiben. Dafür brauche ich Ihre Hilfe! Täglich entstehen neue Ausdrücke, andere werden altmodisch. Teilen Sie mir weitere Wörter mit, die Sie auf Ihrer Reise hören. Schreiben Sie auch, wo in Australien Sie sie gehört haben. Für verwertete Ergänzungen zeigt sich der Verlag mit einem Freiexemplar der nächsten Auflage erkenntlich.

Oz - Talk

Spracheigenheiten

Die historischen Eigentümlichkeiten des **Oz-Talk** wurden erheblich durch die Umwelt geprägt, in der die Sprachschöpfer aufwuchsen. Nicht von ungefähr schwingt dem Slang immer ein leicht animalisch anmutender Klang bei:

Aus dem klaren **i** wird ein blökendes **oi**:
oi loike

Das einfache **a** wird mindestens verdoppelt:
baaastard

Und **ay** wird stets **ie** ausgesprochen:
yesterdie

Das eigentliche Geheimnis liegt aber in der Schnelligkeit des gesprochenen Wortes. Ganze Sätze werden in ein mehr oder weniger schwer verständliches Wortkorsett gepresst. So wird aus **Are you going to have a shower?** im korrekten Australisch: **Yagunna avashowr?**

Das Verb **to do** wird grundsätzlich als für den Sprachgebrauch unwichtig angesehen:

Jerwannaabikkie? = **Do you want a biscuit?**
Jergoda the party? = **Did you go to the party?**
Woss jer problem? = **What is your problem?**

Kauderwelsch-Tonträger

Falls Sie sich die fremdsprachigen Sätze und Wörter, die in diesem Buch vorkommen, einmal von einem Australier gesprochen anhören möchten, kann Ihre Buchhandlung Ihnen das ***begleitende Tonmaterial*** *zu diesem Buch besorgen: Sie bekommen es auch über den Rump-Direktversand oder unseren Internet-Shop:* ***www.reise-know-how.de***

Steht ein **d**, **g** oder **t** am Ende eines Wortes und gleichzeitig hinter einem Konsonant, so ist dies für den Aussie Grund genug, diese Buchstaben einfach zu verschlucken, wie in **shoutin**, **rainin**, **las roun** (**last round**).

Eine weitere Eigenart des Aussie-Slang ist das konsequente Ignorieren des Buchstaben **h**:

av	statt	**have**,	**e**	statt	**he**,
ows	statt	**how is**.			

Zu viel Theorie? Dann will ich es damit fürs Erste bewenden lassen und lade euch nun ein, einer anderen Eigenart des Oz-Talk auf die Spur zu kommen.

Convict-Slang

Spracheigenheiten, entstanden aus übriggebliebenen Floskeln der Zeit der ersten weißen Siedler, bestimmen noch heute den Umgangston vieler Aussies. Da die convicts, also Strafgefangene in Verbannung, nicht unbedingt der vornehmen Sprache mächtig waren, sind die meisten der Ausdrücke aus dieser Zeit ziemlich grob geschnitzt:

fair crack of the whip
„ein fairer Knall der Peitsche", wird gebraucht, wenn jemand gerecht behandelt wird

first fleet
„die erste Flotte", steht auch für etwas besonders Großartiges

fossick
oberirdisches Suchen nach Edelmetallen, Opalen oder Mineralien

murrumbidgee waler
Landstreicher, der auf der NSW-Seite des Murrumbidgee-Flusses lebte

Ned Kelly
der Robin Hood Australiens, im Jahr 1880 aufgehängt, heute heimliches Idol der Nation

New Holland
der Name Australiens um 1700

old chum
alter Kumpel, erfahrener Siedler, Buschmann

planter, **duffer**
Rinderdieb

poddy dodger
Rinder- oder Pferdedieb, der nur Tiere ohne Brandzeichen stiehlt

speewaa
eine Farm für „ganze Kerle"

squatter
Großfarmer im Outback

stockman
Viehtreiber, Cowboy

stock holder
Rancher

swagman, **swagger**
Landstreicher, der mit seiner Habe über Land zog

swag, bluey, **matilda**, **shiralee**
Wolldecke, in die der swagman seine Habseligkeiten verstaute

wagga blanket
Decke aus Getreide- oder Mehlsäcken

Sickie & Smoko — Ver- & Abkürzungen

Grundsätzlich wird im Australischen respektlos alles abgekürzt oder verstümmelt. Oft ist es möglich, den Ursprungssinn hinter der Verballhornung zu erahnen, manchmal sind es aber auch Neuschöpfungen. Besonders beliebt ist dabei die Endsilbe **ie**, wie in:

barbie	Grillfest	barbecue
bikkies	Kekse, auch Geld	biscuits
Chrissie	Weihnachten	
cossie	Badeanzug	
greenie	Anhänger der grünen Bewegung	
kindie	Kindergarten	

lipstick	**lippie**	Lippenstift
	mozzies	Moskitos
	nightie	Nachtgewand
	oldie	jeder über 20 in den Augen derer, die unter 17 sind
presents	**pressies**	Geschenke
	sickie	Krankfeiertag
vegetables	**vegies**	Gemüse
	wharfie	Hafenarbeiter

Und lässt sich partout kein **-ie** ans Wortende fügen ... **No worries**, es gibt ja noch das **-o** als Alternative:

workers compensation	**compo**	Rente nach einem Arbeitsunfall
	drongo	Idiot
	metho	Methanol-Abhängiger
Salvation Army	**salvo**	Heilsarmee
	smoko	Rauchpause
	thingo	Das Dings, na das Dingsbums, wenn du weißt, was ich meine.

Und noch ein paar andere Besonderheiten:

fancy = *Fantasie*

Does that tickle your fancy?
Hat das deine Fantasie angeregt?
Good onyer!
Gut gemacht, weiter so!
ta
Danke, auch Ja, allgemeine Zustimmung

Hier noch einige Abkürzungen über die man häufig stolpert:

ANZAC	**Australian and New Zealand Army Corps**
ASIO	**Australian Security Intelligence Organisation** die Australische Spionage-Abwehr
BYO	**Bring your own Alcohol!** (in unlizensierten Restaurants)
O.P.	**other people's** geschnorrte Zigarette
O.S.	**overseas** Übersee
P.O.Q.	**Piss off quick!** Zisch ab!
QANTAS	**Queensland And Northern Territory Air Service**
R.S.	**rat shit** Superscheiße
TAB	**Totalisator Agency Board**, Staatliche Wettbüros

Corroboree & Boomerang

Sprachliche Überlebenszeichen der Ureinwohner

Das schwärzeste Kapitel in der Geschichte Australiens ist sicherlich die massive und brutale Vertreibung der Ureinwohner aus ihren traditionellen Lebensräumen durch Europäische Besiedler. Noch heute ist die Diskriminierung der schwarzen Bevölkerung an der Tagesordnung. Hier sind einige Begriffe über oder aus der Sprache der Aborigines aufgeführt, die in den allgemeinen Sprachgebrauch Einzug gehalten haben. Auch hier wieder die Warnung vor beleidigendem Gebrauch.

aborigine
Ureinwohner des australischen Kontinents, seit über 200 Jahren durch die europäische Besiedlung in ihrem naturverbundenen (Über-)Leben gefährdet, abfällig auch **abo** genannt.

Benjamin*
Aborigine-Ehemann

bitumen blonde*
unsägliche Bezeichnung für Aborigine-Frauen

blackbird*
Einwohner benachbarter Pazifik-Inseln, die in der Anfangszeit der Besiedlung zum Arbeitseinsatz nach Queensland deportiert wurden

blackfellow oder **blackfeller**
allgemein für Angehörige der schwarzen Bevölkerungsminderheit

black tracker
von der Polizei als Spurensucher eingesetzter Ureinwohner

bone-pointing
Ritual des Aborigine-Medizinmannes zur Bestrafung von Stammesangehörigen durch das Deuten mit einem spirituellen Knochen

boomerang
hölzerne Wurfwaffe der Aborigines, heute weltweit als Sportgerät beliebt

boong*
generell für dunkelhäutige Menschen, speziell für Aborigines

bora
Mannbarkeitsritual der Ureinwohner im östlichen Teil des Kontinents

bull-roarer
hölzernes Zeremonie-Instrument

Der bull-roarer *wird an einem Band im Kreis geschleudert und erzeugt so die Stimme des großen Geistes.*

Als dream time *wird die Schöpfungsgeschichte der Welt bezeichnet. Es ist die Traumzeit in der Aborigine-Mythologie.*

combo*	Paar aus einem Weißen und einer Aborigine-Frau
corroboree	Aborigine-Zeremonie mit Tanz und Gesang
creamy*	Mädchen mit Aborigine-Blut
dead heart	das für die Aborigines durch die weiße Besiedlung „tote" Herz Australiens
didgeridoo	langes, hölzernes Blasinstrument
dillybag	aus Naturstoffen geflochtener Beutel der Aborigines
gibber-gunyah	Höhlenbehausung der Ureinwohner
gin*	im „weißen Jargon" Bezeichnung für eine Aborigine-Frau
gin-jockey	ein Weißer, der mit einer Schwarzen zusammenlebt
gumleaf band	Musiker, die Harmonien durch Blasen auf Eukalyptus-Blättern erzeugen
Jacky	männlicher Aborigine
lubra	junge Frau in der Sprache der Aborigines
kiley	Bumerang-ähnliche Wurfwaffe der Aborigines in Tasmanien

message stick
10-30 cm langes Holzstück mit Markierungen, das Aborigines als eine Art Passierschein durch feindliches Gebiet mit sich trugen
nulla nulla
Schlagkeule des Aborigines
piccaninny
Aborigine-Baby, allgemein für klein, winzig
walkabout
Ausdruck für nomadische Aborigines
woomera
speerähnliche Wurfwaffe der Aborigines

In der mimi art, *den Höhlenmalereien, werden Menschen als Strichwesen dargestellt.*

wonk*
Ausdruck der Aborigines für Weiße
yabber*
abwertende Bezeichnung für die für Weiße schwer erlernbaren Aborigine-Sprachen
yeller feller
Aborigine-Halbblut

The Land of Oz

Unterwegs in Australien

Im **Sunburnt Country** begegnet man einigen besonders typischen Ausdrücken, die Land und Leute charakterisieren.

Inzwischen propagieren selbstbewusste Australier den Schlachtruf: No longer down under!

gibber = *quatschen*

down under	augenzwinkernde Eigenbetitelung der Australier für ihren Kontinent, der für uns Europäer „irgendwo da unten" liegt
back of beyond	Outback, das verlassene Landesinnere
Banana City	Brisbane oder auch **Brissie**, Hauptstadt des „Bananenstaates" Queensland, **QLD**
the Bitumen	Straße von Alice Springs nach Darwin
bush	Land mit Büschen und Bäumen bewachsen, also große Teile Australiens: **to live up the bush** – jenseits von gut und böse wohnen
corner	Zipfel Südaustraliens, der nach Queensland hineinragt
fly country	Land der Fliegen, gemeint ist das Hinter land
gibber country	steiniges Land
gulf country	Gegend um den Gulf of Carpentaria, **QLD**

inland, **inside country**
das Binnenland Australiens
mallee country
Gebiete sandigen Bodens, mit Eukalyptus-Büschen bewachsen
mulga scrub
Buschgebiet
never-never
Inland-Wüstengebiet im Outback
outback, **up country**
das weite Hinterland des 5. Kontinents
red centre oder **dead heart**
Zentralaustralien, das rote (wg. der Farbe der Erde), aber im Sinne der Ureinwohner tote Herz in der Mitte des Kontinents
Rotto
Rottnest Island, vor der Küste von Perth
top end
Australiens Norden, das Northern Territory
Westralia
neuer Name Westaustraliens, ausgerufen von einer Unabhängigkeitsbewegung, die sich vom Bund Australien lossagen will
woop woop
wo die Krähen rückwärts fliegen, um den Sand nicht in die Augen zu bekommen, also am Arsch der Welt
duty
kurzer, morgendlicher Arbeitsdienst in Jugendherbergen
fuck truck
Vorsicht, auch in Australien ist trampen nicht immer ungefährlich.

Ghan *ist der Name des Zuges von Alice Springs nach Adelaide. Er stammt von den Afghanen, den Kameltreibern, die man noch immer in dieser Gegend trifft.*

goat track, **glue pot**
„Leimtopf", schlechte Wegstrecke, Schlammstraße

gunyah
behelfsmäßige Hütte

humpy
behelfsmäßige Hütte der Aborigines

log-hut
Blockhütte

road-train
der Traum aller Tramper, eine Überland fahrt mit einem Truck, der wie ein Zug mehrere (bis zu 8!) Anhänger zieht

scaling
schwarzfahren

to sool
schnell rasen, umherreisen, hetzen

ute, **tilly** (kurz für **utility van**)
kleiner Pritschenwagen

weekender
Wochenendhaus

Around the Set of Wheels — das Auto

boot	Kofferraum
bonnet	Motorhaube
bull, **roo-bar**	Schutzgitter bei LKWs, die streunende Rinder und Känguruhs einfach aus dem Weg räumen
carby	Vergaser
donk	Motor
fats	Breitreifen
all the fruits	Radio, Fuchsschwanz, 3-Ton-Hupe, ...
honk	Hupe
Jack	Wagenheber
panel van	Kombiwagen mit geschlossenem Aufbau, ideal zum umherreisen
reggo	Auto-Zulassung, **registration**
prang	Autounfall

all the fruits
sind all die süßen Früchte, die ein Auto erst zum Auto machen.

This car is up the shit.
Dieses Auto ist reif für den Schrottplatz.

This car is in a good nick.
Dieses Auto ist in einem guten Zustand.

to suck up the juice
das Benzin wie Saft wegsaugen

Polizei

pig – pride, integrity & glory

constable	Polizist im unteren Dienstgrad
cop shop	Polizeistation
crack-down	Kontrolle nach Drogen oder alkoholisierten Autofahrern
feds	Bundesbeamte (**Federals**)
grey ghost	Politesse
hop	Bulle
Jack	Polizist, auch Wagenheber
Johndarm, **Jonnop**	veralbernde Begriffe für Polizisten
John, **mug cop**	Polizisten
to get nicked, **to get busted**	eingebuchtet werden
Paddy wagon, **divvy van**	„Grüne Minna“, Mannschaftswagen zum Abtransport von Gefangenen
pig	Polizist
topoff, **dobber**	Polizeispitzel
trooper	berittener Polizist
walloper	Polente

Blind Freddy & Co.

Der gemeine Aussie

Obwohl nur 17 Millionen Menschen auf einer Fläche leben, die fast 22mal so groß ist wie Deutschland, sind die Bewohner Australiens doch ausgeprägt unterschiedlich:

Alf
Ausdruck für den bekloppten Aussie
blackbird
Bewohner von Pazifik-Inseln, die in den schwarzen Zeiten der Besiedlung nach Queensland zum Arbeitseinsatz verschleppt wurden
blind Freddy
die Dummheit in Person, wie in: „Das ist so klar, das hätte sogar **blind Freddy** erkannt."

bloke	Kerl
boofhead	Trottel
cobber	Kumpel, dicker Freund
cobber-dobber	Kumpelschwein
convicts	die ersten weißen Siedler, Knastbrüder Mutter Englands
digger	Goldgräber
dinkum aussie	der Aussie aus dem Bilder buch,im Lande geboren und **true blue**

drongo	Blödmann, Idiot
earbasher,	Schwätzer, der einem
wax borer	ein Ohr abkaut
earlugger	„Ohrenzieher“, Schnorrer
bad egg	miese Type, das schwarze Schaf
gasbag	Schwafler, Schwätzer
hard case	wagemutiger Mensch
log	schwerfälliger, dummer Mensch

mate *ist ein sehr wichtiger Begriff:* mate *ist der beste Kumpel, ein Freund für Dick und Dünn aber auch der völlig unbekannte Typ, den man um eine Zigarette anhaut.*

wog, **dapto**
Einwanderer, die nach dem 2. Weltkrieg nach Australien kamen

ocker
der typische Durchschnittsaustralier, heißt Roy, Bruce oder Norm, trägt T-Shirt, Shorts, **thongs** (Gummisandalen) und ein **esky** (Kühlbox), voll mit eiskalten Bierdosen

nincompoop, **noug**
Trottel, Einfaltspinsel

poon
sonderbarer Kauz, im Outback angesiedelt

ratbag
Exzentriker, der seine eigenen Verrücktheiten auslebt

reffo
Flüchtling (**refugee**) aus Europa, der bis Kriegsende nach Australien auswanderte

scrub cocky
Farmer, der auf Buschland lebt

squib
feiger Mensch

Aussies nach Bundesstaaten

apple islander
„Apfelinsulaner" aus Tasmania **TAS**
backblocker
„Hinterwäldler" aus dem Outback
banana bender
„Bananenbieger" aus Queensland **QLD**
crow eater
„Hühnerfresser" aus South Australia **SA**

drovers and stockmen
„Viehtreiber" aus dem Northern Territory **NT**
eastern staters, welshman
„Oststaatler" aus New South Wales **NSW** oder Victoria **VIC**
magpie
„Elstern" aus South Australia
sandgropers
„Sandwühler" aus Western Australia **WA**
territorians
„Territoriale" aus dem Northern Territory

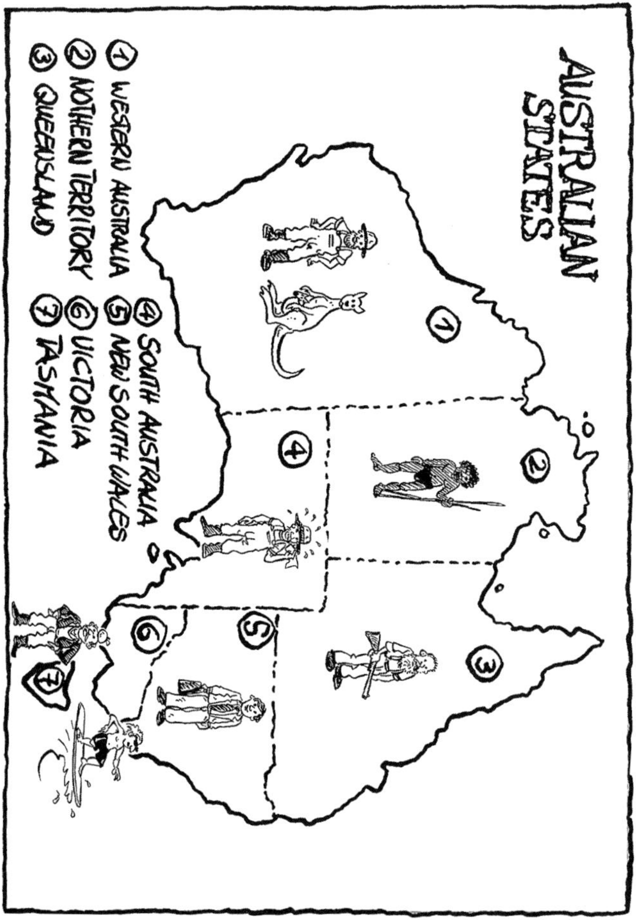
AUSTRALIAN STATES
1 WESTERN AUSTRALIA
2 NOTHERN TERRITORY
3 QUEENSLAND
4 SOUTH AUSTRALIA
5 NEW SOUTH WALES
6 VICTORIA
7 TASMANIA

die anderen ...

abos* (kurz für: **aborigines**)
die Ureinwohner

boongs*, **coons***, **nigger***
unsägliche Bezeichnungen für Schwarze

commos
Russen, Kommunisten

choongs, **dinks**, **chinks**
Chinesen

dings, **ities**
Italiener

dolly-dangler
Name für südeuropäische Einwanderer, die ihre Autos mit kleinen Kitschpuppen schmücken

enzedder, **kiwis**
Neuseeländer

frogs
Franzosen

huns, **krauts**, **jerries**
Deutsche

hymies, **four-by-twos**
Juden

japs, **nips**, **pointy hearts**, **slopes***
Japaner

joker
jeder Fremde

kipper
eigentlich Hering, aber eben auch ein Brite

maorilander
Bezeichnung für Neuseeländer, unter Bezugnahme auf die dortigen Ureinwohner

Auch die so weltoffenen und gastfreundlichen Aussies haben in ihrem Sprachgebrauch einige teilweise beleidigende Ausdrücke für Fremde und Einwanderer etabliert. Die meisten der aufgeführten Bezeichnungen sind chauvinistisch und schon deshalb nicht zur Verwendung empfohlen.

new chum	
Neu-Einwanderer aus Großbritannien	
poms (kurz für **Prisoner of Mother England**)	
Anspielung auf die ersten Siedler, die als Strafgefangene Ihrer Majestät Australien erreichten	
whingeing pom	
verschärfte Form: der nörgelnde Engländer	
pig islander*	
„Schweine-Insulaner", ziemlich abfällige Bezeichnung für die benachbarten Neuseeländer	
spags	
Griechen und Italiener	
square heads	
Quadratköpfe, meist deutscher Herkunft	
wogs*	wogs* = *kurz für* Wealthy Oriental Gentleman
Griechen, auch Araber, beleidigend	
yanks	
wie wohl überall: Name für Amerikaner	
septic tank*(absichtlicher Reim auf **yank**)	
Amerikaner	

Buckjumper & Laughingjack

Unmenschliches

Die Tierwelt Australiens, ebenso wie die Ureinwohner, führte vor der europäischen Besiedlung über Jahrtausende ein ungestörtes und isoliertes Leben. Daher seien an dieser Stelle die Namen von einigen, in unseren Breitengraden unbekannten Tierarten erwähnt:

bandicoot
rattenähnlichhes Beuteltier

bangtails
„Schlagschwänze", Rindviecher

barebelly
Schafe ohne Wolle an Bauch und Beinen

bird of paradise
Paradies- oder Leiervogel

blowies
große, lästige Fliegen, die keine Eier, sondern Maden legen

brumby
Wildpferd, besonders beliebt bei der Hundefutterindustrie

budgie
Wellensittich, Kurzform des Aborigine-Ausdrucks **budgerigar**

buckjumper
Rodeopferd, das für **bucks**, also harte Dollar, versuchen muss, seinen Reiter abzuwerfen

bunyip: Nessie Australiens, Fabelwesen der Ureinwohner und der ersten weißen Siedler
carrion: eigentlich Aas, aber auch generell Bezeich nung für Rindvieh
chooks: Hühner
dingo: einheimischer Wildhund, auch als Schimpf wort verwendet
duckbill, **duckmole:** Schnabeltier
dugong: Seekuh (Meeressäugetier)
echidna: Ameisenigel
euro: Bergkänguruh
flyer: ausgewachsenes Känguruh
flystrike: Schafe, denen von **blowflies** Maden direkt in offene Wunden oder After gelegt wurden
galah: Kakadu-Art, aber auch Bezeichnung für ein menschliches Großmaul oder einen eitlen Fatzke
goanna: ein Reptil, aber auch Ausdruck für ein Klavier
huntaway: Hund des Schäfers
Joey: Känguruh-Junges

jumbuck: Schaf
laughing Jack: Spitzname des **Kookaburra**-Vogels, auf Deutsch „lachender Hans"

merino	wertvolle Schafrasse
moggy	Katze
mozzy, **mozzies***(MZ)*	Moskitos so groß wie Raubvögel
muddie	Kurzform für Queenslands **mud crabes**, also Schlammkrebse
muffy	Echse mit Halskrause
neddy	Ackergaul, Mähre
poley	hornloses Rindvieh
roo	Känguruh
spoggy, **spridgy**	Spatz

Days, Dates & Shower

Kalendarisches

Die australische Woche besteht aus:

mundy	**chewsdy**	**wensdy**
thersdy	**fridy**	**saddy**
sundy		

Der Arbeitstag möglichst nur aus ...

arvo (= **afternoon**) **evo** (= **evening**)

At chrissie you get pressies and get pissed to the eyeballs.
An Weihnachten gibt's Geschenke und du schüttest dich bis zum Augapfel voll.

When the crow shits, when the golden eagle shits.
Wenn die „Krähe scheißt", ist Zahltag.

ANZAC Day
alljährlicher Aufmarsch der Kriegsveteranen

Boxing Day
der zweite Weihnachtsfeiertag

Chrissie
Weihnachten

dull as a month of sundays
langweilig wie ein Monat, der nur aus Sonntagen besteht

stinker
lausiger (oder auch sehr heißer) Tag

smoko
Zigarettenpause

tucker time
Essenszeit

having a bludge
einen Tag blau machen

sickie
Krankfeiertag

Klimatisches

nippy
kaltes, regnerisches Wetter
snifter weather
„Schnief-Wetter“, kalt und regnerisch
brass monkeys, **bloodyot**, **pissing down**
kaltes Regenwetter in „dialektischen“ Varianten
rotten weather
wenig einladende Wetterlage
sticky day, **stuffy day**
ein schwüler Tag
dry as a sunstroke bone
knochentrocken
sunbake
„Sonnenbacken“, Sonnenbaden

wet	
Regenzeit im Norden des Landes	
cyclon	
Wirbelstürme, die häufig während der Regenzeit im Norden des Landes wüten	
fremantle doctor	
kräftige, erfrischende Winde, die von der See her auf die Westküste treffen	
shower	
neben Regen auch Sandsturm	
southerly buster	
Sturm, der von Süden weht	
willy willy	
Wirbelsturm im Outback	
red steer	
„roter Ochse", Buschfeuer	

Aussie Rules

Sportliches

Sport spielt im Leben der Aussies eine wichtige Rolle. Nationalsportarten sind Cricket, Football (vergleichbar mit Rugby) und alle Wassersportaktivitäten.

Avago ya mug!
Don't stand there you fool, have a go!
(Anfeuerung beim Sport)

to get axed
aus der Mannschaft fliegen
I'll barrack for ...
anfeuern: „Ich schrei' für ..."
blue
Wettkampf
bottler
(be-)rauschender Sieg der eigenen Mannschaft
bowls
Rasenbowling für die feine Gesellschaft
to put in the dirt
unfaire Attacke
dumper
von Surfern gefürchtete Riesenwelle, die plötzlich zusammenbricht
fizzer
peinliche Niederlage der eigenen Mannschaft

The Cup *steht für den* Melbourne-Cup, *das Pferderennen, das alljährlich für drei Minuten die Nation in Atem hält*

to dump = *runterschmeißen*

footie, soccer: *In den Oststaaten Queensland und New South Wales spielen sie* Rugby League *und* Rugby Union. *In South und Western Australia, in Tasmania und Victoria heißt der raue Männersport* australian rules *oder kurz* footie. Soccer, *also unser Fußball, ist besonders beliebt bei den Einwanderergruppen aus Europa.*

The Hill *war vormals ein Grashügel auf dem* Sydney Cricket Ground, *seit 1991 ein Stadion; die billigsten Plätze, aber das engagierteste Publikum!*

grommett
Surfer
honeypot
Sprung ins Wasser, mit dem „Honigtopf" zuerst (Arschbombe)
king wave
unverhoffte, große Welle; von Surfern herbeigesehnt, von Sportfischern gefürchtet
mullygrubber
fieser und unsportlicher Unterarmwurf beim Cricket
one-dayer
internationales Tagesmatch
pushy
„Schieber", Radfahrer
stew
Wettkampf, dessen Ergebnis abgesprochen wurde
surfie
Surfer
wowser
Spielverderber

Wetten, Spielen

In Australien wird, gemäß britischer Tradition, auf alles und jedes Ereignis gewettet. Besonders beliebte Wettgelegenheiten sind alle Arten des Pferdesports.

You've got to be in it to win it.
Nur wer wagt, der auch gewinnt.

go for the doctor
alles auf eine Karte setzen
good oil, **griff**
heißer Tip, meist beim Pferderennen
run like a hairy goat
Rennpferd, das „wie eine haarige Ziege läuft", also extrem lahm
kip, **stick**
schmales Holz zum Münz-Wurf beim **Two-up**
mazuma
Wett- oder Spieleinsatz
mulligans
Spielkarten
pokies
Spielautomaten, einarmige Banditen
pun
Wette um Geld
bet, **wager**
Platzwette beim Pferderennen
quinella
Einlaufwette
rafferty rules
geflügeltes Wort für alles Unlautere

rafferty rules = *Spiele ohne Regeln*

spieler
Wettbetrüger, Falschspieler

spinner
der Mann, der beim **Two-up** die Münzen wirft

sting
Aufputschmittel, mit demRennpferde gedopt werden

Swy, **Two-up**
uraustralisches Glücksspiel mit offensichtlich deutschen Wurzeln, bei man auf zwei in die Luft geworfene Münzen setzt

Tatts
Pferdetoto

trifecta
Einlaufwette beim Pferderennen, bei der auf die ersten drei Plätze gesetzt wird

Hard Yacka

Arbeiten in Australien

Besucher Australiens haben recht selten eine legale Möglichkeit, die Reisekasse durch einen Job aufzubessern. Doch gerade im **outback** bietet sich häufig die Möglichkeit, kleine Aushilfsarbeiten anzunehmen; daher nun einige Begriffe aus dem Arbeitsleben.

battle	harte Arbeit ist immer auch Kampf
bullock	„Ochsenjob“, schwere, körperliche Arbeit
government stroke	Dienst nach Vorschrift
graft	harte Arbeit
yakka	Arbeit, meist ziemlich harte

baitlayer
Koch auf einer großen Rinderfarm

bookie
Buchmacher bei Pferderennen

boss-of-the-board
Aufseher über eine Gruppe Schafscherer

boundary rider
„Grenzreiter“, kontrolliert und repariert Farmzäune

bullocky
Fahrer eines Ochsenkarrens

baitlayer = *Köderleger*

bull-punscher
bester Viehtreiber auf einer Rinderfarm

duffer
Pferde- oder Rinderdieb

garbo
Müllmann, abgeleitet von **garbage** (Müll)

gun
erstklassiger Schafscherer

jackaroo
Landwirtschaftslehrling, der später einmal die Farm übernehmen soll

journo
Journalist

kangarooer
Känguruh-Jäger

king Dick, **Mr. Say-so**
Boss

milko
Milchmann, der die Milch noch ausfährt

miners right
Erlaubnisschein, um nach Gold und Opalen zu graben

overlander
Viehtreiber

pannikin boss
Vorarbeiter, Polier

pastoralist
Schaf- oder Rinderfarmer

peanutter
Erdnussfarmer

pester
Vertreter, der Kunden belästigt

penner
Gehilfe, der Schafe in Pferche **pens** treibt, damit sie geschoren werden können

picker up
Hilfskraft zum Aufsammeln der Wollvliese beim Schafscheren

postie
Postbote

quack
allgemeine Bezeichnung für den Ärztestand

rabbiter
jemand, der von der Kaninchenjagd lebt

removalist
Möbelpacker

sanno
Inspektor der Gesundheitsbehörde

sparkie
Elektriker

truckie
LKW-Fahrer

Früher wurden nur unqualifizierte Quacksalber als quack *tituliert.*

wharfie
Hafenarbeiter
flat out like a lizard drinking
total erledigt
Give him a fair go!
Jeder bekommt seine Chance, nicht nur im Arbeitsleben.
Fair go!
Mach mal halblang! Immer mit der Ruhe!

to get the sack	gekündigt werden
to snatch a job	einen Job hinschmeißen
to get the run	rausgeschmissen werden
to give the spear	jmd. rausschmeißen
to be on the susso	von der Stütze leben
compo-king (*abgeleitet v.* workers compensation)	König der Sozialversicherungs-Schnorrer
dole bludger	Abzocker von Arbeits-losenversicherung

Dodger & Tucker

Essbares

Einwanderer aus aller Welt haben die Australier (und ihre Besucher) davor bewahrt, sich ausschließlich von den Scheußlichkeiten der englischen Küche ernähren zu müssen. Jede Nationalität ist im Straßenbild durch Restaurants oder Imbissstände vertreten. Insbesondere in der **lunch-hour** finden in den Business-Vierteln der Großstädte regelrechte Fast-Food-Orgien statt. Natürlich hat die „Burger-Kultur" auch in Australien Einzug gehalten. Der Marktführer auf diesem Gebiet wird somit als **Golden Arches** – „das goldene M" – bezeichnet. Trotzdem ist die Speisekarte des Kontinents vielfältig und exotisch.

All You Can Eat
Nach Zahlung eines Einheitspreises kann man soviel essen, wie man schafft.

banger	„Platzer", Bratwurst
bikkies	Biscuits, Kekse, auch Geld
billy-tea	Tee, über dem Lagerfeuer im Henkeleimer **billy** gebrüht
brekkie	Frühstück (breakfast)
brew	Brühe, (aufgebrühter) Kaffee oder Tee
chewy, **chutty**	Kaugummi
cray	delikate Hummerart, auch **crayfish** genannt

barbie, kurz für barbecue = *die australische Spezialität: verkohlte Würstchen, halbgare Steaks, eiskaltes Bier und jede Menge Fliegen!*

cut lunch: Sandwiches

damper: traditionelles Buschbrot aus Mehl, Hefe, Salz und Wasser, schmeckt nur frisch vom Lagerfeuer

dodger: Brot, Stulle

dingo's breakfast: **a piss and a good look around**, also Nulldiät

a yunk of dodger: eine Scheibe Brot

dog's eye: treffender Ausdruck für **meat pie**

doggie bag: In den meisten Restaurants kann man sich die nicht aufgegessenen Reste in Plastikverpackungen mit nach Hause nehmen.

fatty: Rosinenkuchen, über dem Lagerfeuer gebacken

flake: fritiertes Haifisch-Filet als **fish 'n chips**, Delikatesse

floater: Teigtasche inmitten ausgetrockneter und zerquetschter Erbsen mit Tomatensoße begossen, eine ziemlich schreckliche Angelegenheit

fly wisher stew: Ochsenschwanzsuppe

hamburger with the lot: gegrillte Rindfleischscheibe zwischen zwei Brötchenhälften, mit Speck, Tomaten, Spiegelei, Zwiebeln, Gurken, Roter Bete ...

jaffa: runde Bonbons mit Orangengeschmack

leprosy *(für* **lepra***)***:** Kohl

meat pie: typische Junk-Food-Fürchterlichkeit, **pie eater** ist eine Bezeichnung für eine ziemlich unbedeutende Person

nosh: allgemein für Lebensmittel; **nosh up** ist eine komplette Mahlzeit.

pavlova, pav: ziemlich süße Baiser-Sahne-Nachspeise

sammich: Sandwich

snags, snorkers: Würstchen

spare boy: Rübensirup

sput in the bucket
„Spucke im Eimer“, würzige Portion

steamer
Gulasch aus Schweine- und Känguruh-Fleisch

tea
warmes Abendessen

Tommy
Rosinenbrot

Tom sauce
Ketchup, besonders beliebt, um den fürchterlichen Geschmack von **meat pies** zu überdecken

tucker
„Fraß“, Essen

Vegemite
das Nutella Australiens, ebenso beliebt, geschmacklich aber genau das Gegenteil, Maggi-ähnliche Hefepaste

Weeties
Frühstücksflocken aus Weizen

Booze, Turps & Lolliewater

Trinkbares

Der Ausdruck blackfellows delight *für billigen Rum ist eine rassistische Anspielung auf das Alkoholproblem der Ureinwohner.*

amber fluid
„flüssiger Bernstein“, ungewöhnlich poetischer Ausdruck für Bier

blackfellows delight
billiger Rum

boilermaker
Mix aus Bier und Whiskey, sehr stark

booze, **turps**, **rosiner**
alle Arten Alkohols

fourpenny dark
billigster Roter

grog
allgemein für Alkohol, ohne Bezug zu dem in Australien unnötigen Aufwärmgetränk

jollop
starker Schnaps

lolliewater
Limonade, aber so groß kann selbst der Durst der Aussies nicht sein.

long sleever
großer Drink

lube
allgemein für Drink

lunatic soup
Alkohol in jeder Form

nobbler
Glas Schnaps

plonk, **red ned**, **steam**
billigster Rotwein

rozner	hochprozentiger Alkohol
sly grog	illegal verkaufter Alkohol
snort	Getränk, meist Bier

Bier

Kaum etwas wird in Australien mit größerer Ernsthaftigkeit diskutiert, als die Frage nach dem **right stuff**. Jeder Aussie hat „seine" Bier-Philosophie. Die Wahl der Marke ist stark beeinflusst durch Lokalpatriotismus und alte Traditionen. Getrunken wird das meist helle Bier eiskalt und in schnellen Zügen. Übliche Ausdrücke für Gerstensaft ganz allgemein: **slops**, **suds**, **piss**.

Die wichtigsten Brauereien bzw. Biersorten sollte man kennen:

Cascade	Tasmanien, **TAS**
Coopers	Adelaide, **SA**
Fosters	Melbourne, **VIC**
Reschs	Sydney, **NSW**
Swan	Perth, **WA**
Toohey's	Sydney, **NSW**
Victoria Bitter (VB)	Victoria, **VIC**
West End	Adelaide, **SA**
XXXX (= **four X**)	Brisbane, **QLD**
Porter gaff, **shandy**	schwarzes Bier mit Limonade

Nicht nur die Biersorten, sondern auch die Maßeinheiten, in denen ausgeschenkt wird, unterscheiden sich erheblich in den einzelnen Bundesstaaten.

beer six	170 ml in **TAS**
butcher	180 ml in **SA**
glass	200 ml außer in **QLD**, **SA**, **NT** & **NSW**; 325 ml in **QLD**
jug	1 Liter Bier im Glaskrug
middy	285 ml in **NSW** & **WA**
pint	575 ml in **NSW**; 425 ml in **SA**
pony	285 ml in **NSW**; 100 ml in **SA**
pot	285 ml in **VIC** & **QLD**; 575 ml in **WA**
schooner	425 ml in **NSW**; 285 ml in **SA**
seven	200 ml in **SA**
small beer	115 ml in **TAS**; 140 ml in **QLD**; 170 ml in **VIC**

Das gleiche gilt für die Behälter:

coldie	eiskaltes Bier in Dose o. Flasche
coolgardie safe	hölzerne Kühlbox mit Drahtgitter
esky	Kühlbox
handle	Bierglas mit Henkel
quart-pot	Viertelgallone im Blechtopf
rabbit	Bier in der Flasche
stein	Steinkrug
stubby	kleine Bierflasche
sleever	großes Bier
tinny, **tube**	Bierdose

Piss-up

To grog on with his mates ist für den Durchschnittsaustralier die Lieblingsbeschäftigung. Nicht nur nach der Arbeit oder am Wochenende, gut gefüllt sind die Pubs eigentlich den ganzen Tag über. Verkauft wird Alkohol nur in speziell dafür lizensierten **Bottle Shops**.

I'm gonna get blind.
Ich geh' mich besaufen.

piss-turn, **piss-up**	Saufgelage
rort	Sauforgie
school	Ansammlung ernsthafter Trinker
shivoo	Party
shouting	eine Runde schmeißen

shugalug	ex und hopp
stop one	schnell auf'n Drink einkehren
swamp down	eiliges kippen

Wouldn't shout if a shark bit him.
Würden Sie einen Drink ausgeben!

yankee shout
Kneipenrunde, bei der jeder selbst bezahlt
one for the road
„einer für den Heimweg", letzter Drink

Chuck in for a keg of beer!
Lasst uns zusammenlegen für'n Fässchen Bier!

Die folgenden Ausdrücke meinen alle das Eine, den Folgezustand nach ausgedehntem Alkoholzuspruch, also ziemlich besoffen zu sein.

floating on ice	**to be smashed**
to be sloshed	**to be rotten**
to be stinko	**to be stung**
to be inked	**to be shit-faced**
to be bombed	**to be wasted**

full as a butcher's pup, **full as a pot**, **full as a state school**, **full as a boot**, **pissed as a parrot**
voll bis zum Stehkragen

full as a goog
nichts geht mehr

full as a goog
wird auch nach üppigem Essen gebraucht

to be drunk like a seaside shithouse on Boxing Day
voll wie ein Scheißhaus am 2. Weihnachtsfeiertag

Wer's als **plonkdot** (Fuselfetischist) übertrieben hat, wird nicht anders können, als den Alkohol rückwärtig wieder loszuwerden. Schöne Ausdrücke gibt es da, auf Deutsch würde man „kotzen" oder „reihern" sagen:

to chunder*	**to make a sale**
liquid yodel	**to growl at the grass**
technicolor yawn	**to lay a pizza**

Andere Drogen

to bite	schlauchen **May I bite for a cig?**
bumper	Zigarettenkippe
chain smoker	Kettenraucher
cig, **ciggy**	Zigarette
fag	Fluppe, Kippe
makings	kurz für: „Tabak, Blättchen und Streichhölzer?“
to smoke like a chimney	qualmen wie ein Schlot

dope, **grass**, **hash**, **marjie**	Marihuana
cone	Pfeifchen Marihuana

toke	ein Zug an einem Joint oder Pfeifchen
zombie, **junkie**, **druggie**	Drogenabhängiger
metho addict	Spiritus-Abhängiger

Klo und so ...

brasco
altertümlich für Klo

dunny, **dyke**
Plumsklo

shouse
Abkürzung für **shithouse**, etwa Lokus

toot
extrem vornehmer, daher seltener Ausdruck

to choke a darkie
etwas „Schwarzes“ fallen lassen

to ride the porcelain bus
auf dem Lokus sitzen

to ride the porcelain bus = *„den Porzellan-Bus reiten“*

to piddle
pinkeln

to go for a piss, **... a slash/leak**
pissen

to syphon the python
die Pythonschlange entleeren“ (Männer)

to split the whiskers
„die Koteletten trennen“ (Frauen)

dump a load
einen „Haufen“ machen

see a man about a dog
scheißen gehen

to the movies ...

Außer Saufen kann man abends natürlich auch noch etwas anderes tun. Trotz des Videobooms und des kommerziellen Fernsehens hat auch in Australien die Begeisterung für das Kino nicht nachgelassen. Die Abkürzung **PG** hinter einigen Filmen steht für **parental guidance**, sie können also nur in Begleitung Erwachsener besucht werden.

flicks: Kintopp
late show: Nachtvorstellung
pitchers: Verballhornung von **pictures**, also Kino
soapies: australische Seifen-Opern wie **Neighbours** haben inzwischen auch das deutsche Fernsehen erreicht
telly: Fernsehen
the drives: Autokino
the passion pit: „Leidenschaftsgrube“, Autokino

The Colour of Money

Geld, Geld, Geld

Australien ist das erste Land, in dem das **plastic money** als offizielles Zahlungsmittel eingeführt wurde (die 10-$-Note, seit 1988). Hier nun einige Ausdrücke rund ums Geld:

boodle
Knete (eigentlich Falschgeld)

He gave a brusher.
Er hat sich verpisst, ohne zu bezahlen.

to put the fangs in someone
jemanden finanziell aussaugen oder auch nur anpumpen

freebie
Gratisprobe

to put the hard word on someone
jemanden bedrängen, um Geld anpumpen

to kick in
spenden, finanziell beteiligen

to knock the money down
die Kohle auf den Kopf hauen

lay-by
Anzahlung, damit eine Ware zurückgelegt wird

loot, loolly, moolah
Zaster, Knete, Kohle

man with no hands
Geizkragen

mangy
geizig, schäbig

to put the fangs in someone = *„die Klauen in jemanden hauen"*

mangy *wird oft als Steigerung zu anderen Schimpfwörtern gebraucht wie in* mangy bastard

money spinner: eine Unternehmung, die Geld wie Heu abwirft
good/bad mark: guter/säumiger Schuldner
motza: ein Batzen Geld
oodles of boodle: viel Geld
to part up: Gewinn-Anteil auszahlen
perks: Vorform der Bestechung, kleine Annehmlichkeit, die ein Job so mit sich bringen kann (Nebenverdienst)
plonk out: Geld ausgeben, bezahlen
quid: früher ein Australisches Pfund als Währungseinheit, heute Bezeichnung für 2 $

I havn't got a brass.
Ich bin total abgebrannt.

ready-cash
Bargeld, das jederzeit zur Hand ist

Put it on the slate.
Schreib's auf den Deckel.

sling
Trinkgeld, auch Bestechungsgeld
to strap up
auf Pump einkaufen, anschreiben lassen
to put the cleaners through
jemanden anpumpen
to put the nips in
(*„die Beißer in jemanden hauen"*)
jemanden finanziell ausnehmen
tenner
10-$-Note
broker
jemand, der komplett pleite ist
to be stiff as a crutch
total blank sein
flyblow
Pleite
gone to Moscow
gepfändet worden sein
gone broke
abgebrannt sein
to be without a mintie
(**mintie** = *Pfefferminzbonbon)*
total blank sein
to reef off
jemanden ausnutzen, ihm Geld abluchsen
tight as a fishes' asshole
extrem geizig sein

Flipflops & Togs

Kleidung

Australiens Kleiderordnung ist leger und lässig. Zwar bestimmen in den Business-Vierteln graue Anzüge und strenge Kostüme das Straßenbild, in der Freizeit sind jedoch eher Schlabber-T-Shirt und kurze Hosen angesagt:

bathers, **togs**	Badehose oder -anzug
cardigan	Jacke, Jackett
cossie	altertümliches Badekostüm
daks	warme Stoffhosen; für „darunter“ heißen sie **underdaks**
flipflops, **thongs**	Badelatschen, gehören unbedingt zum Aussie-Outfit
hard hitter	Bowler-Hut
Jacky howe	kurzärmeliges Hemd
jocks	Unterhosen
knickers, **underdaks**	Liebestöter, höchst unerotische Damen-Unterhosen
nappy	Babywindel
pea-dodger, **plug hat**	Bowlerhut
toe rag	altertümliche Fußlappen
stubbies	Shorts, meist schwarz oder braun und immer knapp unterm Bierbauch **beergut** zu tragen
gear	Klamotten, Sachen

No Worries!

Die lockere Sprache des Alltags

Im folgenden ist eine Auswahl von Ausdrücken aufgelistet, die den Umgangston der Australier bestimmen. Bei einer lebendigen, sich stetig weiterentwickelnden Sprache ist es natürlich unmöglich, einen Anspruch auf Vollständigkeit zu erheben. Ich habe versucht, die wichtigsten Begriffe zusammenzustellen.

begrüßen

You're right!
Alternative zu **You're welcome!**

Ow-ya-goin'-orright?
mit der dazugehörenden Antwort

Orright-ow-ya-goin'
das Gegenstück zu „Na, wie geht's?“

G'day!
Guten Tag! Hallo!

How are you, sport?
Anrede an jemanden, dessen Namen man nicht kennt:„Wie geht's dir, Mann?“

How's it hangin'/goin'?
Wie geht's?

verabschieden

Hooray! Hooroo!
Tschüss! Wiederseh'n!

Kia ora! *stammt aus der Sprache der neuseeländischen Maoris*

Kia ora!
Tschüss!

I' m off!
Ich hau ab!

Ooroo!
Tschüss!

See-ya-layda!
Bis später! (auch wenn man's besser weiß)

to shin off = *schnell verschwinden, sich verdrücken*

Ta-ta! / TTFN (ta-ta for now)
Ciao! Tschüss! / Also tschüss für heute!

See you around.
Wiederseh'n. Tschüss.

begreifen / verwirren

to give someone the drum about something
jemandem einen Sachverhalt erklären
to make a box of something
einen eigentlich klaren Sachverhalt total verwirren
to give someone the general info
jemandem etwas erklären

faulenzen

easy going
vorherrschende Lebenseinstellung der Australier
loafing
Faulenzen im Urlaub oder am Wochenende
He wouldn't work in an iron lung.
extrem fauler Zeitgenosse

erstaunen, bewundern

boomer
eigentlich ein riesiges Känguruh, aber in **That was a real boomer!** ein Ausdruck für grenzenlose Begeisterung
dead hand
einer, der sich auskennt
Hooly-dooly!
Ausruf größter Überraschung: Ist ja irre!

offsider
Assistent, rechte Hand
to be shook on
vernarrt in etwas oder jemanden sein

dumm, albern

half-cut:	ziemlich verrückt
to act like a stunned mullet:	sich wie ein angeschlagener, torkelnder Meeresbewohner benehmen, also ziemlich verdutzt
short of a shingle:	einen Dachschaden haben
to be sonky:	einfältig, dümmlich
to tommyrot:	Unsinn erzählen
tonk/warb:	dummer, einfältiger Mensch, Trottel
one stubby short of a 6 pack:	nichts in der Birne haben (eine Flasche zu wenig im 6er-Pack)
sandwich short of a picnic:	nichts in der Birne haben (ein Sandwich zu wenig für's Picknick)

Spaß

lark	Ulk
legpull	Spaß, Scherz, jemanden veräppeln
wag	witziger Mensch, Scherzkeks

wag *heißt auch Schule schwänzen*

irre, super, toll!

You're not wrong!
australische Art der Zustimmung

Bang-on!
Okay, einverstanden!

Beaut!
Wunderbar!

Blood oath!
„Blutiger Eid!", So wahr, wie etwas nur sein kann!

spunky
gutaussehend, attraktiv
dinkum
Ob nun **fair dinkum** oder **dinkydie**, gemeint ist etwas Großartiges, Echtes und/oder Wahres.
extra grouse
spitzenklasse, affengeil
You little beauty!
super!, wunderbar!

Fair enough	alltäglicher Ausdruck für volle oder zumindest gequälte Zustimmung
Give it a go!	Versuch's doch einfach!
Good on ya!	Gut, nur weiter so!
Hot cack!	prima, ausgezeichnet!
More hair on your chest!	Ansporn von **mate** zu **mate:** Weiter so, gut gemacht!

My oath!
zustimmender, bejahender Ausruf: Sauber!
No risk!
Kein Risiko, kannste glauben!
Orright!
Alles klar!
That's a peg!
Das ist Spitze!
ridgey-didge
echt, unverfälscht
Righto!
Ja, einverstanden!
Too right!
Sehr richtig! Einverstanden!
Tops!
Spitze! Klasse!
Whacko!
„Hurra!" begeisterter Ausruf

Die Steigerungsform von **Whacko!** ist: **Whacko the diddle-o!!**

ablehnen

Get off my back!
Geh mir nicht auf die Nerven!
Bugger off!
Verschwinde!
cowyard confetti
dummes Geschwätz
That's not worth a cracker!
Das ist keinen Kräcker wert/total sinnlos!
Don't do anything you couldn't eat!
Übernimm dich bloß nicht, übertreib's nicht!

Don't wake it up!
Vergiss es, weck bloß keine schlafenden Hunde!

That's a dud.
Das ist ein Blindgänger, eine totale Niete.

hat's a gack!
Ist das ein Schlamassel!

to jack up something
etwas verweigern

Cut the kidstakes!
Komm zur Sache, hör auf zu täuschen!

Nick off!*
Verschwinde, hau ab!

Piss off!*
Verpiss dich!

Give it away!
Gib's auf!

plebs
Bezeichnung der verachteten Klasse, des einfachen Volkes

Pull your head in!
Kümmer dich um deinen eigenen Kram, lass mich in Ruhe!

Rack off!
eigentlich Begriff für's Abfüllen von Wein, aber auch für „Verschwinde!"

Go and have a roll!
Hau ab, verpiss dich!

Shove it!
Zieh ab!

to be shonky
ziemlich nutzlos sein

to be in the soup
mächtig in der Scheiße stecken
lair, **show pony**
ein Gigolo, Angeber
poser
Angeber, der sich gerne in den Vordergrund spielt

nerven

to get on someones back
jemand belästigen, nerven
to be fed up
genervt sein, die Schnauze voll haben
to whinge
rumnörgeln, sich beschweren
Don't muck around! Stop laughing!
Hör auf zu nerven!
to be narky
die Nase voll haben
You give me the pip!
Du gehst mir tierisch auf die Nerven!
It gets on my quince!
Das geht mir auf den Wecker!
snooty
lästiger, unangenehmer Mensch
Stop whinging!
Hör auf zu meckern!
whinger
jemand, der sich ständig beschwert und rumnörgelt

versagen

bugger up *wie in:* He buggered his life up. – *Er hat sein Leben zerstört.*

battler	„Stehaufmännchen": Versager, der nie aufgibt
buckley's chance	keine Chance, ohne Aussicht auf Erfolg
to bomb out	versagen
to be clapped out	ruiniert, am Ende sein
to be up a gumtree	mächtig in Schwierigkeiten stecken
to be up the creek without a paddle	bis über beide Ohren in Schwierigkeiten stecken, „ohne Paddel in die Stromschnellen"

cronk
kaputt, wertlos
deadbeat
total pleite und ausgepowert
He dropped his bundle.
Er hat alles entnervt hingeschmissen.
gutzer
der ewige Verlierer
knock-back
Rückschlag, Enttäuschung
no-hoper
Hoffnungsloser
not nominated
nicht in der engeren Wahl, zwecklos

Glück haben

happy as Larry
glücklich wie ...
lurks
glückbringende Tricks und Kniffe
to pick the eyes out of something
sich stets zum eigenen Vorteil bedienen
to be protected, to be a tinarse
extrem vom Glück bedacht sein
good trot
eine Serie von Erfolgen

Pech haben

If it was raining palaces, I'd get hit by the dunny door.
Selbsterkenntnis des ewigen Pechvogels: „Selbst wenn es irgendwann Paläste regnen würde, mich träfe die Klotür!"

happy as a bastard on father's day
so unglücklich wie man(n) nur sein kann
kack
Pech (vom deutschen „Kacke")
He has put the mocker on the business.
Er hat in dieser Angelegenheit nur Pech gebracht.
to be on the patch
Ärger haben, in Schwierigkeiten stecken
to be on the peg
in ernsten Schwierigkeiten stecken

to be pooped
fertig, kaputt und ausgelaugt sein
poor as a bandicoot
arm wie die australische Kirchenmaus
proverbial
nicht wieder gut zu machender Fehler
ready-up
Betrug, Verschwörung
to catch the rough end of the pineapple
schlecht behandelt werden, vom Pech verfolgt sein
to whip the cat
über ein Unglück lamentieren, das vergessen sein sollte, sich nicht mehr ändern lässt

a bit strong
ein unfassbares Schicksal, nach dem Motto:

Well, I can understand him pissing off with your missus, but taking the dog as well, now that was a bit strong!

in schlechter Stimmung

to get the joes
melancholische Gefühle bekommen
to get out your mad
sauer werden, schlechte Laune bekommen
magotty, stroppy
übelgelaunt, wütend, reizbar
miserable as a bandicoot
ziemlich niedergeschlagen

miserable as a bandicoot = *deprimiert wie eine Ratte*

mopey as a wet hen	niedergeschlagen wie eine nasse Henne
I'm shiddy!*	Ich fühl' mich beschissen!
to be shirty	eingeschnappt sein
to be snarky	aufbrausend, kurz angebunden sein

sterben

to kick the bucket, to kick off	ins Gras beißen, abkratzen
blotto	totgesoffener Trinker

bong
tot, aus der Aborigine-Sprache: **billabong**
dead as mutton
„tot wie Hammelfleisch", vergessen, gewesen oder unmodern
He has had it.
Er ist tot, hat alles gehabt.
to pass in one's marbles
seinen Löffel abgeben

billabong
= *toter Flusslauf*

sonstige Redewendungen

to put the acid on
sexuell aufdringlich werden
to get bushed
sich verirren, verlaufen
He's gone bush.
Er hat sich verdrückt, will seine Ruhe haben.
That's one up against your duckhouse!
Da guckst du aber dumm aus der Wäsche!
He went mad and they shot him.
flapsige Antwort auf die Frage nach dem Verbleib einer ungeliebten Person
You gotta go with the mob!
Da musste mitmachen, um nicht dumm aufzufallen!
to poke mullock at someone
Dreck über jemanden abladen, ihn ärgern oder verspotten
on the sheeps back
„auf dem Rücken der Schafe" ruht der Wohlstand Australiens

Don't come to the raw prawn!	Versuch nicht, mich reinzulegen!
I'll save it for Ron / Justin!	**Ron** als Verballhornung für **later on,** also etwas für später aufheben; **Justin** für **just in case**, also für den Fall aufheben
Sydney or the bush	Sekt oder Selter
What do you think this is – bush week?	Hältst du mich für blöd?
Scuse I!	Entschuldige!
Who's robbin' this coach!	Lass mich das erledigen und kümmer dich um deinen eigenen Kram!
Trust the operator!	Vertrau mir, ich weiß schon was ich mache!
Why keep a dog and bark yourself!	jemanden vorschicken, um eine unangenehme Angelegenheit erledigen zu lassen
fat as a match	„dick wie ein Streichholz", also ziemlich dürr
going like a stuck pig	rennen wie ein angestochenes Schwein
tough as a fencing wire	stark wie Stacheldraht
to be a hatter	einsam und zurückgezogen leben
No brains – no pains.	Kein Hirn – keine Schmerzen. *(für jemanden, der aus Schaden nicht klug wird)*

To Have a Snout on Someone

Schimpfwörter

Wie eingangs bereits erwähnt, kommen dem Australier Schimpfwörter leicht über die Lippen. Dadurch verlieren sie, besonders bei der augenzwinkernden Verwendung gegenüber Freunden, erheblich an Schärfe. Trotzdem sollte man bei der Benutzung solcher Ausdrücke darauf achten, die Situation korrekt einzuschätzen, sonst ist Ärger unvermeidlich.

bloody
Scheiße, Mist, verdammt (universell anwendbar)
bullo
kurz für **bull dust** o.. **bullshit**: absurdes oder dummes Gerede, leeres Geschwätz
crank, **hoon**, **worker**
Idiot, Schwachkopf
daft
verrückt, blöde
dick head*
Trottel
dill
der personifizierte Trottel
flamin'
verdammt, verflucht; Steigerung von **bloody** (= **bloody flamin'**)
Go on yer mug!*
Nu mach schon, du Penner!

heifer dust: harmlosere Form von **bull dust**
hell: „Hölle", universell einsetzbarer Begriff wie in: **Go to hell! Who the hell was that? Get the hell out of here! Bloody hell!**
lousy: harmlosere Variante zu **bloody**
meadow mayonnaise: Unsinn, Quatsch; ähnlich wie **bullshit**
nasty piece of work: ziemlich abfälliges Urteil über einen Mitmenschen, „Miststück"
mongrel*: Bastard
Pig's arse!*: Schweinearsch!
Pull your heads in!: Halt's Maul!
smart arse: Klugscheißer

Streit, Gewalt

Wer das obige Vokabular allzu exzessiv anwendet, braucht sich sicherlich über ausbleibende Reaktionen nicht zu beschweren. Aber, keine Sorge, auch dann muss man nicht sprachlos werden:

to bail up (s.o.)
jemanden in die Enge treiben oder überfallen
bodgie, widgie
Halbstarker
boil-up
Streit, Schlägerei
to bung on a blue
einen Streit vom Zaun brechen
to be butchers
wütend, zornig sein
to clobber
verprügeln

to dob in
petzen, verpfeifen
larrikin
Rowdy, Halbstarker, der die Straßen unsicher macht
push
eine Bande Halbstarker
king hit
K.O.-Schlag
to get stuck into
jemanden angreifen oder gar verprügeln
to get tonked
verprügelt werden

to get wet	die Geduld verlieren und explodieren
to hop into it	kurzen Prozess mit jemandem machen
to keep out of the rain	Ärger meiden
to knock (s.o.) rotten	jemanden verprügeln
to poke (s.o.)	jemanden mit der Faust schlagen
punch up	Prügelei mit Fäusten
to ring one's tail	den Schwanz einkneifen, sich ergeben
to rough off	den Willen von jemandem brechen
rough-up	Straßenschlacht, üble Schlägerei
rumble	Zweikampf, der in einer Massenschlägerei endet
to have a snout on someone	wütend auf jemanden sein
to sort someone out	jemanden in seine Schranken weisen, ihn bekämpfen
stick-up	bewaffneter Überfall
stink	Schlägerei
stoush	Kampf, Schlägerei

Bloke Meets Beauty

Zwischengeschlechtliches

Dieser in jeder Sprache als delikat angesehene Bereich des Slangs erfreut sich sehr großen Interesses. Auch hier erfordert die Verwendung der Begriffe ein erhebliches Maß an Sensibilität, um sein Gegenüber nicht mit beleidigenden Verbalattacken anzugreifen.

Sheilas - die Mädchen

bird, **chicks**	Bezeichnungen für hübsche Mädchen
brush	junge Frau, Mieze
bag	ältere, nicht mehr ganz so attraktive Frau
dog*	hässliche Frau, Schabracke
dry old stick	vertrocknete Jungfer
sheila	junge Frau, *die* Australierin, aber auch Nutte
top sort	eine junge Frau „vom Feinsten"
tart*	abfällige Bezeichnung f. Frauen

bird, **chicks** *sind relativ veraltete Begriffe*

tart* *bedeutet auch „Nutte"*

Blokes - die Jungs

bloke	Kerl
food cove	feiner Kerl
guy	Typ
poot	verweichlichter, unmännl. Mann
stud	Stecher, Rammler

Parts of the scone – wichtige Körperteile

kick in the acre = *Tritt in den Hintern*

scone	Slangwort für „Körper"
acre	Hintern
arse	Arsch, aber auch Ausdruck für Glück (**arsy bastard**) oder Jobverlust (**to get the arse**)
backside, **sit-upon**	höflichste Umschreibung des verlängerten Rückens: Allerwertester
blot, **quoit***	Hintern
bums, **rears**	Frauenhintern
dinger	Hinterbacken

Er hat:

balls, **jewels**, **cods**, **nuts**, **krackers**	Eier, Nüsse
Dick, **cock**, **prick**, **root**, **the old fella**, **tool** *(„Werkzeug")*	Penis, Pimmel, Schwanz

Sie hat:

Der Ausdruck **cunt*** *ist eine mit äußerster Vorsicht zu verwendende Beleidigung, dafür kann's was auf die* **nuts** *geben!*

boobs	große Möpse
Charlies	Brüste
knockers	Riesentitten
tits	Titten
clit	Klitoris
cunt*	Fotze
fanny	Möse
golden doughnut	„goldener Zuckerkuchen", Bär, Dreieck

pussy, **twat**, **muff(y)**, **thy Y**, **box**, **beaver**	Muschi
axe gash	„Axtwunde"
map of Tassie	Muschi

map of Tassie = *„Karte von Tasmanien" als Dreieck*

Get ready - die Anmache

to flossy up
sich zurechtmachen
to gawk, **to perve**
anstarren, anhimmeln
to lair up
sich rausputzen, aufstylen
to chat someone up
jemanden anquatschen
to have the hots for someone
auf jemanden scharf sein
to pick someone up
jemanden kennenlernen
to fall for someone
jemandem verfallen, sich verlieben
He's a hunk!
Was für ein Kerl, der sieht total männlich aus!
Isn't she nifty?
Ist sie nicht süß?
She's a nice piece of crumpet.
Sie ist ein hübsches Mädchen, sie ist sexy.
She's a ripper, isn't she?!
Ist das nicht 'ne Spitzenfrau?!
Getting any?
Na, hast'e eine/einen abgekriegt?

As things go further ...

to date someone: mit jemandem ausgehen
to smoodge: schmusen, knutschen
like a house on fire: heißverliebtes Paar
to have a hard on: einen Steifen haben
to crack a fat: starke Erektion, 'ne Riesenlatte haben
to be horny or randy: geil sein; nicht mehr warten können
to be in the nuddi: im Adams- / Evakostüm, nackt sein
to be starkers: splitternackt sein
frenchie, wetcherl: *(auch* **rubber***)* Kondome, Pariser

Ready? - Go!

To have sex –
Dafür stehen die folgenden Redewendungen in mehr oder weniger drastischer Form. Die wörtliche Übersetzung gibt annähernd Aufschluss über den Sprachlevel:

to bang*	„knallen“
to feature with	„eine Nummer schieben“
to fuck*	„ficken“
to root*	„wurzeln“
to score between the posts	„zwischen die Pfosten treffen“
to scrape	„kratzen“
to screw	„einen einschrauben“
to make love	„Liebe machen“
to spear the bearded clam	„die bärtige Muschel spießen“
to get laid	„gelegt werden“
getting off at Redfern	Coitus interruptus

Redfern *ist das Armenviertel von Sydney, letzte Station vor dem Hauptbahnhof*

Your own Business

Soviel zum „Paarlauf", zumindest verbal. Ist kein Partner in der Nähe, geht's auch allein:

to flip oneself off	s. selbst verschleudern
to toss off	wegwerfen
to wank	wichsen
to play with yourself	es sich selbst machen

Specialities

... oder wie wär's mit etwas Besonderem?

Lesbierinnen werden abwertend auch **lezo** *genannt*

to suck off, **to give head**, **to go down on someone**	Oralverkehr, blasen
looks like a wet weekend	wenn Frauen ihre Tage haben ...
poof, **poofter***	Schwuchtel
queer	Schwuler
fruity as a christmas cake	schwul
leslie	Lesbierin
prossie, **whore**	Nutte
on the game	auf dem Strich
pimp	Zuhälter
to be in drag	Mann zeigt sich in Frauenkleidern
'bit kinky	etwas pervers
sicko	Fan von anormalen Sexualpraktiken

There's a life after ...

to fall pregnant
schwanger werden
to be in the club
Willkommen im Club der Schwangeren
to have a bun in the oven
„ein Brötchen im Ofen haben"
to be preggy, to be up the duff
schwanger sein
to drop a sprog
entbinden
snork
Baby

Literaturempfehlungen

G'day! Teach yourself Australian von Colin Bowles, Angus & Robertson, North Ryde, Australien 1976. In witziger Form und skurriler Aufmachung wird das Leben einer typischen Aussie-Family dargestellt.

The Slang Thesaurus von Jonathon Green, Penguin Books, London 1986. Wissenschaftliche Sammlung von englischen Slang-Ausdrücken.

How to Survive Australia und **How to be Normal in Australia**, beide von Robert Treborlang, Major Mitchell Press, Potts Point-Australien 1987. Überaus amüsante sarkastische und lehrreiche Betrachtungen über den australischen Alltag und Durchschnittsmenschen.

Diese Bücher sind nicht über den Reise Know-How Verlag zu beziehen!

Praxis – die neuen handlichen Ratgeber

Wer in die Ferne schweift und seine Freizeit aktiv verbringt, braucht spezielle Informationen und Wissen, das in keiner Schule gelehrt wird. Die Themenpalette der **Praxis**-Reihe reicht von „Wildnis-Ausrüstung“ über „Kartenlesen“ bis hin zum „Schutz vor Naturkatastrophen“. Darin geben praxiserfahrene Autoren ihr Wissen aus eigenem Erleben wieder und würzen ihre Texte mit unterhaltsamen und teilweise kuriosen Anekdoten.

Kanu-Handbuch
ISBN 3-89416-752-1

Wildnis-Ausrüstung
ISBN 3-89416-750-5

Wildnis-Küche
ISBN 3-89416-751-3

Fliegen ohne Angst
ISBN 3-89416-754-8

Orientierung mit Kompass/GPS
ISBN 3-89416-755-6

Richtig Kartenlesen
ISBN 3-89416-753-X

Dschungelwandern
ISBN 3-89416-759-9

Tauchen / warme Gewässer
ISBN 3-89416-760-2

Sicherheit im/auf dem Meer
ISBN 3-89416-758-0

Survival Naturkatastrophen
ISBN 3-89416-757-2

Gewalt/Kriminalität unterwegs
ISBN 3-89416-756-4

Reise Know-How Verlag
Peter Rump GmbH, Bielefeld

Praxis – die neuen handlichen Ratgeber

Kauderwelsch "Slang"

Die Sprache des Alltags - ohne Wenn und Aber:

Michael Blümke
Italienisch Slang
- das andere Italienisch
ISBN 3-89416-300-3

Hans-Jürgen Fründt
Spanisch Slang
- das andere Spanisch
ISBN 3-89416-247-3

Hermann Kayser
Französisch Slang
- das andere Französisch
ISBN 3-89416-017-9

V. Sierra-Naughton
British Slang
- das andere Englisch
ISBN 3-89416-037-3

Das, was man in der Schule lernt, ist eine Sache, das, was die Leute wirklich sprechen, eine andere.

Die Slang-Bände der Kauderwelsch-Reihe vermitteln die heute gesprochene Alltagssprache, ohne ein Blatt vor den Mund zu nehmen. Wörter, Sätze und Ausdrücke, die man in Kneipen, Discos, auf der Straße oder im Bett hört und sagt. Die Sprache der Szene und des "einfachen Mannes". Umgangssprache, die man kaum im Wörterbuch findet und garantiert nicht in der Schule gelernt hat.

Jeder Band bietet ca. 1000 Stichworte zum täglichen Gebrauch erklärt, ehrlich übersetzt und praxisorientiert geordnet. 96-128 Seiten, mit vielen originellen Comics illustriert.

●Kostenpunkt: DM 15,45 / € 7,90

Reise Know-How Verlag Peter Rump Verlag GmbH, Bielefeld

Wortliste

Auf den folgenden Seiten findet man ein alphabetisch geordnetes Verzeichnis der meisten Begriffe, die in diesem Buch vorkommen. Hinter jedem Ausdruck steht die Seitenzahl, auf der der Ausdruck mit diesem Wort zu finden ist.

A

B

C

D

Q

R

Kauderwelsch-Sprechführer

gibt's für unheimlich viele Sprachen:

Afrikaans ● Albanisch ● Amerikanisch - *American Slang, More American Slang* ● Amharisch ● Arabisch - Hocharabisch, für Ägypten, Algerien, Golfstaaten, Irak, Jemen, Marokko, Palästina-Syrien, Sudan, Tunesien ● Armenisch ● *Bairisch* ● Baskisch* ● Bengali Brasilianisch ● Bulgarisch ● Burmesisch ● Cebuano ● Chinesisch Dänisch ● *Deutsch - Allemand, Duits, German, Nemjetzkii, Tedesco* Elsässisch ● Englisch - *British Slang, Australian Slang, Canadian Slang, Neuseeland Slang* ● Esperanto ● Estnisch ● Finnisch Französisch - für Frankreich, für Restaurant & Supermarkt, für den Senegal, für Tunesien, *Französisch Slang, Franko-Kanadisch* ● Galicisch ● Georgisch Griechisch ● Guarani ● Hausa ● Hebräisch ● Hieroglyphisch ● Hindi Indonesisch ● Irisch-Gälisch ● Isländisch ● Italienisch, *Italienisch-Slang,* für Opernfans, kulinarisch* ● Japanisch ● Javanisch Jiddisch ● Kantonesisch ● Kasachisch ● Katalanisch ● Khmer Kisuaheli ● Kinyarwanda ● *Kölsch* ● Koreanisch ● Kroatisch ● Kurdisch Laotisch ● Lettisch ● Lëtzebuergesch Lingala ● Litauisch ● Madagassisch ● Makedonisch ● Malaiisch ● Mallorquinisch ● Maltesisch ● Mandinka Mongolisch ● Nepali ● Niederländisch ● Norwegisch ● Paschto ● Patois Persisch ● Pidgin-English ● *Plattdüütsch* ● Polnisch ● Portugiesisch Quechua ● Rumänisch ● Russisch ● *Sächsisch* ● *Schwäbisch* ● Schwedisch *Schwiizertüütsch* ● *Scots* ● Serbisch ● Singhalesisch ● Sizilianisch Slowakisch ● Slowenisch ● Spanisch - *Spanisch Slang,* für Lateinamerika, für Argentinien, für Chile, für Costa Rica, für Cuba, für die Dominikanische Republik, für Ecuador, für Guatemala, für Honduras, für Mexiko, für Nicaragua, für Panama, für Peru, für Venezuela, kulinarisch* ● Tagalog ● Tamil ● Thai ● Tibetisch Tschechisch ● Türkisch ● Ukrainisch ● Ungarisch ● Urdu* ● Usbekisch Vietnamesisch ● *Wienerisch* ● Wolof

Reise Know-How Verlag Peter Rump GmbH, Bielefeld
* erscheint 2001

Die Autoren

Mike Zeedel, Jahrgang 1963, hat seine Begeisterung für Australien schon recht früh entdeckt. Während ausgiebiger Recherchereisen lernte er als Reisejournalist Land und Menschen *„Down Under"* lieben. Besonders die etwas rauhe, aber stets als herzlich kennengelernte Mentalität der Aussies und ihre Sprache haben es Mike angetan. Das Interesse an besonderen Sprachschöpfungen, wie sie im Zuge der europäischen Besiedelung Australiens entstehen konnten, haben einen Großteil des Spaßes ausgemacht, den es für den Autor bedeutete, diese Sammlung von skurrilen Begriffen und Redewendungen zusammenzustellen.

Conrad Stein kam das erste Mal 1974 über die Südsee nach Neuseeland und Australien. Bis 1980 leitete er abwechselnd in beiden Ländern Jugendherbergen. Nach seiner Rückkehr nach Kiel gründete er dort einen Verlag für Reiseführer. Einer der ersten Titel, die er herausgab, war der von ihm zusammengestellte, mittlerweile vergriffene „Australisch Sprachführer", der als wichtige Quelle für diesen Kauderwelsch-Band diente.